GRAFFITI

POESÍA

HUERGA & FIERRO EDITORES

HUERGA Y FIERRO EDITORES, S. L. U.
C/ SEBASTIÁN HERRERA, 9
28012 MADRID (ESPAÑA)
TELÉFONO: 91 467 63 61
E. MAIL: huerga@huergayfierro.com
WEB: www.huergayfierro.com

PRIMERA EDICIÓN
2025

DISEÑO DE ÁNGEL LUIS VIGARAY

DEPÓSITO LEGAL: M-5741-2025 — I. S. B. N: 979-13-990057-0-7
IMPRESO EN ROMADAC Industria del Libro.
IMPRESO EN ESPAÑA

LA LASCIVIA CAÍA
COMO AGUA DE MADRUGADA

Mateo Morrison

LA LASCIVIA CAÍA COMO AGUA DE MADRUGADA

MATEO MORRISON

GRAFFITI

HUERGA & FIERRO EDITORES

LA LASCIVIA CAÍA
COMO AGUA DE MADRUGADA

CAMINAMOS AL ENCUENTRO DEL PRONÓSTICO DE DARWIN

Caminamos al encuentro del pronóstico de Darwin
Pero la vida en el mar no solo es
Evolución de las especies
Es también la anécdota de las prendas íntimas
Dejadas en la arena
El recuerdo votivo de tu suave presencia.

Es mi asombro
Ante tu desnudez marina
Que me produce pequeñas muertes
Multiplicadas en el tiempo.

UNIR LOS RÍOS PARA QUE SEAN UNO

Unir los ríos para que sean uno
Nos permite superar el dominio del mar
Diluir cada nube cerca de nuestros ojos.

El misterio está ahí
En la quebrada esencia de un jardín
Que formamos con el río
Para competir con el mar.
Es cuestión de diferencias sabor y color
Y seguir nadando.

TROPEZAR CON LA MISMA PIEDRA

o bañarse dos veces
en el mismo río es muy difícil.
Pero tirar una piedra al río
no solo es posible sino deseable
porque se forma un remolino
parecido a una flor

SÓCRATES NO HUYÓ

A la madrugada Jesús llegó caminando sobre el agua.
MATEO 14:25

Sócrates no huyó
como le recomendaron
y saboreó la cicuta en
nombre de la ética.
Ahora se disputa con Jesús
el más alto lugar en la
cadena de muertos sublimes.
Cristo resucitó y Sócrates
se fue a discutir con los sofistas
en un cielo con demasiado dioses.
A Cristo lo esperó un solo dios
"que es el camino, la verdad y la vida".
Y esta es sin dudas la real diferencia

A PROPÓSITO DEL CEMENTERIO MARINO

A Enrique Eusebio

La torre erigida a los que yacen
A orillas de los mares
se llenó de colores tenaces
como la fragilidad de la vida.

Llegamos al solar
De todas las flores milenarias.

Emprendimos el camino
Con cirios en las manos.
Cada paso medido a la altura
De la solemnidad.

Los muertos de la tierra y de los mares
Se abrazarán disolviendo sus esqueletos.

¿Es mediodía?
¿Es noche?
¿Es mañana?

El espacio y el tiempo
se integran
En círculos de fuego.

EMOCIÓN POR LAS ISLAS

A Saint-John Perse

Tomo tus palabras
rodeada de olas
que amanecen conmigo.
Cerca de mis pies
arenas vibrantes de sol
No puedo ahora
describir un viento
que cambia a cada instante
de dirección.
Sólo los pájaros
saben la orientación
exacta de la brisa.
Ellos trasladaron
el centro del universo
a estos lugares
del Caribe.

Los pájaros saldrán de los lienzos
en noches de huracanes
volverán a vivir en las telas
cuando llegue la calma.

Soltamos de nuevo tus palabras
para instalar nuestra casa
en un círculo de arena.
Y hacer de nuestras vidas
ataúdes de espumas.

EGBERT

Usted transitó por el mar
asombrando sus ojos
a cada instante.
Pero no descubrió
nada vendible
en mercados europeos.
Su descubrimiento fue
un simple corazón
de una mujer
existiendo
sobre la isla
sin heroísmo atesorado
por la historia.
Cargada de latidos cotidianos
cesaron una tarde,
y usted decidió seguirla
en una marcha fúnebre de amor

LOS DOS MARES

Este mar
me cansa los ojos
preñado de huracanes.
Hay otro que recrea mi visión
donde impera la quietud de los amantes,
formando una efigie,
emergiendo de las aguas.

LA LASCIVIA CAÍA COMO AGUA DE MADRUGADA

No es una mujer sola
es un estado transitorio
entre dos soledades.
YOLANDA PANTÍN

La anciana se desplaza en su hábitat.
Comparte su supervivencia
con insectos que van migrando
hacia lugares más propicios.
El sitio donde duerme no tiene borde.
Todavía siente las caricias
de la superficie que recoge sus pisadas.
Reza, pero su iglesia es la calzada
donde antes los muchachos fisgaban
su cuerpo.
La lascivia caía como agua de madrugada.
Se humedecieron alguna vez sus piernas
espejeando sus ropas raídas.
Humores antiguos cruzaron sus arterias.
Marismas cuajadas rondaban
por sus bronquios.
Ya ese vientre reclama cenizas.
Se zambulle en el recuerdo de unos labios
que fueron fosforescentes
y ahora no saben pronunciar el adiós.

Una manta trata de ocultar
el arribo del rocío.
Piensa que su estar en la tierra
fue demasiado fugaz.
El calor ahora pretende derretirla.
Sería bueno volver a contemplarla
antes de que se evapore su presencia.

TERRENO DE EROS

El agua (mar, río, lago) y yo, a cada instante nos disputamos con fiereza el amor de las muchachas. Con el transcurrir me acerco al precipicio, por eso mido la intensidad de la batalla cuando sonríen, al mismo tiempo que presentan flores y espinas.

Me detengo en las posibilidades de percibirlas y veo la luna tan enorme que casi nos irrita. Me deslizo en el tiempo. Dilatan las palabras. Un alfabeto de imágenes aparece al agrandarse aún más este astro. Onirismo que se mueve a mí alrededor. Mi cabeza agujereada en plena órbita.

Las distancias, las sonrisas escondidas, ahora oscurecen el resto de mi vida, porque a diferencia de ustedes, la belleza para mí es suburbio de males. Voces cansadas que nunca escucharán, detenidas en un halo inmenso que no conecta con mi espíritu muriente.

Si pudiera inventar de nuevo la Vía Láctea, transitaría estos caminos con escalas que superen el deseo. Como espejismo a ratos, reaparecen y siguen escalando mi psiquis, cuando fenece el intento de dormir.

Soy alguien fundido en su sombra y ahora se interna en el extraño mundo que edifican. Cuando oigo el agua recorrerlas no adivinan que elaboro árboles en mi memoria, mientras sus poros se inundan. Esas faldas cargadas de colores que impiden ver la plenitud de sus pubis, parecen eternizarse.

Coleccionan sus matices; las imagino al cesar la caída del agua y se secan en la toalla encendida de mis ojos. Ahí se rencuentran mis múltiples vahídos, emergen de las paredes; deciden avanzar y de pronto aparecen alegres todavía con algunas gotas que se niegan a morir. Nuevamente, el asombro de la inesperada presencia.

Busco en tiendas, el tamaño exacto de cada uno de los hilos de sus vestimentas. A través de las telas, yo adivino sus tibios temblores...Terreno de eros.

Dejen que perciba su frágil existencia, desplazada en mi estrecho mundo. Ahora, estalla la cuota de éter que las cubre: ciclos en que se desliza mi vida, hemisferios en que se divide mi universo (sol, luna, estrella, mar, río, faldas, blusas, pantis, lentes medias, aretes). Cada una toma su montaña, pico, loma, llanura, plaza; y se vestirán de silencio para que no las vea. Juntas, atraviesan la urbe y se separan para tensar mi cuerpo a la deriva. Reaparecen por calles que confluyen en la esquina de mis ansias.

Osa la ducha caer sobre sus cuerpos, separados de mí por tres paredes. Cada una, a su estilo, tomará su ropa sudorosa de todo el día y se reflejarán en las perchas de mis anhelos. Saben que estoy en algún lugar donde me llegan sus latidos. Al desvestirse, se acarician sus intimidades, pivotan mis ojos para verlas en la magia infinita y extraña del pensar diluido entre almohadas.

Atraviesan los muros y se asombran de mi presencia: entonces caminan hacia su hábitat. Una rosa crece en la cornisa. Se hinchan en el intento de abrazo que se esfuma. Convertidas en medusas de diversas dimensiones, adoptan la tendencia arena en un día de playa.

El horizonte es un barco que naufraga mientras el arte se detiene en las líneas donde deslizan sus anatomías. Se marchan; siempre dejan un sabor a cosa que no pudo ser, y esto me estalla en todo el cuerpo. Voy a morir a vecindarios que invento lleno de desconcierto. No soy quien domina los mares, ni la tierra ni el aire. Me dejaron solo alojándome en una posible promesa.

Hablan con las manos, las piernas, los oídos y seleccionan una frase, una palabra, una sílaba, una letra, mientras espero.

Mudez. Nada de comunicación verbal ni señales. Adivino sus sienes situadas en otros mundos otras experiencias menos penetrantes quizás, algo de superficie o a lo mejor caricias que se instalaron en la niñez, rudezas, violencias, estruendos. Puede ser la plenitud en todas las fibras que dictaminan una pequeña muerte, que revive para reiniciar la ruta hacia líquidas formas del gozo.

Se disparan sus alegrías, pienso yo, a otros senderos y mi presencia es un pretexto más, para que se rocen entre sábanas. Añoran pieles juveniles. Recordarán que hubo momentos en que desfallecían y estaban más propicias al incendio de sus extremidades que se sumergían en la lujuria y en el frío juego de los cuerpos.

Me alejo sabiéndome un ser deshilachado por los años. Esperaba sus piernas firmes caminando por la vieja ciudad, imaginaba sus pasos desafiantes por las calles donde asumían de lejos el inicio de mi condición febril. Las percibí, libres de poemas con imágenes borrosas, en las horas en que fui ovillando su presencia.

¿Ébano eran? ¿Serán pinares? Son ahora, en la distancia caoba, quizás cedro o palmeras. Maderamen de carne, las diviso; lo suave y lo firme confundido. Desde el lecho que invento en la mañana, se desliza el esperma derramado en esta construcción imaginable. Organizo los atriles para iniciar el concierto; coloco bálsamos en las sillas que se supone ocuparán en este rito, donde conviven los músicos del cielo con todos los acordes terrenales.

SEA LA POESÍA UNA MINA

Sea la poesía una mina sacada de la magia de un lago, pero que al menos, pretenda ser real. Que se pose en la manera de concebir la noche. Sus desnudeces serían un segundo sueño que parece cierto, aunque el tercero se produzca al despertar, lleno de humedad.

ASEDIOS DE LA TEMPESTAD

Arriban ahora en una balsa, simulando orgías y superando los asedios de la tempestad. Se colocan en el cénit de la embarcación: no hay lloviznas, y el espacio hídrico está lejos de sus pies. Como vírgenes en su tromba marina, siguen en ensenadas que no estimulan el naufragio. Exhiben brazaletes, y mi arqueológica estadía se difumina en sus mentes que recorren órbitas hastiadas de pernoctar, rodeadas de planetas moribundos.

Se despojan al unísono de todo: palpitantes cuerpos exhibidos en la ondulación que une a la tierra con el cielo, a través de múltiples océanos. Deslustrados los navíos con que trato de alcanzarlas, esquivan mis brazos extendidos. Inventan engranajes que confunden.

¿Se esfumaron sus cuerpos en el recuerdo y se volvieron estatuas líquidas?

Se respira aún, en la cubierta abandonada, un aroma seductor. La arqueada presencia de unos muslos juveniles descansaron en estos camarotes. Nada las contiene, son auras que se colocan entre la realidad y el deseo, la mente y el tacto inalcanzables.

No fue un rapto; ellas estaban arrebatadas y se dejaron cortejar por cantos sirenados en profundos vivideros de peces; donde parece iniciarse otra forma de existir. Estaba cansado; era una cáscara, una veta exangüe sin voluntad. En un contubernio del ojo y la mente se aposentan trémulas en el árbol del bien y del mal.

Aligeradas, siguieron su ruta inclementes, dejándome perplejo y distraído, desmoronándome en mí mismo. Tinieblas que me cruzan en un universo que pensé que florecía. Si encontrara una hamaca me posaría a esperar su improbable retorno.

Sin salir de las hendiduras de mi cabeza, se posan a descansar sus cejas en el pesebre donde momentáneamente resido. ¿Alaridos en el valle donde reaparecen?

Indescifrables sonidos que pueden proceder de cualquier extremo. Se aman entre ellas, o es una legión de mancebos que ahora las acompañan, reanimadas con las más variadas formas de la dicha. No lo sabré. Pero parece que coincide con lo sucedido cuando Eros fue engendrado a través del huevo original y se dividió en mitades. El hijo de Hermes y Afrodita ahora permite que las vea. Entran a las ciudades y se pierde mi búsqueda entre las luces de neón. Son ellas mismas, autopistas del desamor y del querer triturado. Están entre el nacimiento de nuevas flores y renovadas espinas que engullen el tiempo y reducen el espacio hasta el adiós.

LA NAVE BRILLANTE EN SUS OJOS

La nave brillante en sus ojos
era una nueva visión huracanada,
fustes en mejillas sorprendidas
que dieron aviso de la singular presencia.
Se erguía la tierra,
y los rostros
transformaban sus ceremonias.
Una flecha hacia el sol
era una advertencia a las exactitudes
con que el tiempo medía
la transformación de los sentidos.
Árboles llenos de asombro,
erizados algunos
y otros convertidos en estiletes
sobre la paz que las aves demandaban

Murciélagos abandonaron sus cuevas,
y todo el mar fue más bravío.
Cada río violentaba sus fuentes,
se guerreaba en un suelo que siempre
era alimento para otras vigías.
Llegaban
nuevas máscaras,
se cruzaban con los nuevos adjetivos,

con los adverbios contrariados,
y los sustantivos
formaban una cadena
que enlazaba
con los verbos amar y odiar,
aliados en nuevas criaturas.

PERPLEJIDADES

Te deslizas,
agitas tus piernas
en el leve suspiro de una hoja.
Ves que el riachuelo
tiene solo dos destinos:
secarse o llegar al mar.
Tú sigues.
Voy hacia tu horizonte.
Miles de garzas
te circundan risueñas;
vas hacia un océano de cenizas.
Sigo detrás de ti;
no soporto el enorme peso del silencio.

Reinicio tu recuerdo
cuando el lagarto adquirió su tono gris-azul
ante nuestras extrañas miradas.
Sé que te nacieron alas:
te volviste órfica.
Te husmeo en pudendas vigilias.
Transversales a tu huida,
Hay otras aves.
Tu unicidad impide
que formes parte de sueños etéreos.

No vas ahí;
te alejas demasiado.
INASIBLE.

TRANSFERENCIA DE ESTRELLAS

Debiste de haber transferido las estrellas
que cazaste en tu última aventura.
Las dejaste morir
por falta de regadío.
Los astros no perdonan la muerte
por descuidar sus luces.
Yo las hubiera paseado por el bosque
en las orillas del lago.
Ahora no tenemos estrellas,
y las luciérnagas fueron envenenadas
en una ciudad que solo acepta
sus propios artificios.

METAFÍSICA DE LO COTIDIANO

Son bujías en el corazón del moribundo,
del que salió a pescar en ríos revueltos
y casi se ahoga en un combate
de estancia con los peces.
Supongo que ya no volverá
a desafiar las corrientes hídricas.
Será ecologista en su nueva vida
pero, si le pueden inyectar un segundo aliento,
¡háganlo!,
porque de lo de la otra vida
aún nada se sabe.

VOZ QUE SE CARTEA CON LAS AVES

Mi destino es fluvial.
Mi silencio es boscoso.
Soy más que un valle doblegado,
una voz que se cartea con las aves,
un minúsculo sol ahuyentado por la luna.
Me traslado entre neblinas venenosas.
Respiro sobre hierbas.
Al final,
nadaré contracorriente.

AGUAS AUSTRALES

Nacido en el tiempo equinoccial,
aquí estoy,
aunque no me perciban.
Soy el viento.
En mi actual existencia,
soy un barco:
ahora navego en aguas australes.
Me alejo presuroso
y entro en una zona
que advierto
tenebrosa.

HURACANADA PRESENCIA

Mirar los ojos moverse presurosos
colocarse en la ruta de las naves.
Resistir la brisa que amenaza
emitiendo sonidos.
Quizás las hojas volverán a nacer
cuando la lluvia termine su tormentosa presencia.
Nosotros no volveremos.
Nacerán otras vidas;
las nuestras se borran.
Solo tus piernas sobreviven,
se trasladan
aclimatándose a lugares
despejados de mí.

ESPACIOS QUE NOS OFRECE EL MAR

Desde la presencia del mar
hasta el centro de la vida.
ENRIQUE EUSEBIO

Las puertas que cruzamos
antes del deterioro de las naves
no advirtieron el cansancio.
Seguimos sin tiempo
por los espacios que nos ofrecía el mar.
Un conjunto de senderos nos recordó
que otras dimensiones existían.
A veces, en estos estadíos,
miramos la tierra con desdén.
¿Será el mar nuestro hábitat preferido?

OJO VIBRÁTIL DEL MAÑANA

¿Ojo vibrátil del mañana
ojo acuoso de sales
dónde está el mar?
¿Dónde los peces bañándose
en enormes olas impetuosas?
–pregunta el transeúnte–
¿dónde está el mar?
Y el dedo señala el horizonte:
¿dónde está el mar?
La cabeza da vueltas en una enorme mesa
el índice de nuevo señala el horizonte
y el mar aparece de pronto
humedeciendo los ojos infinitos
del futuro.

I

La ciudad es sólo
el inicio de un árbol
que se enquistaba en la memoria
escenario de luces
propicias a nuestro encuentro.
No morirnos de soledad ni de distancias
prolongamos los espacios
mientras inventas
un día para mí
fuera de agenda

II

Caminas en dirección al ojo del mar
no llegarás
te detendrás en cada ola y en cada vaivén
no arribarás a ese cementerio de peces
que descubriste
una tarde de amor y de distancias

ÍNDICE

LA LASCIVIA CAÍA
COMO AGUA DE MADRUGADA

Esta obra
se acabó de imprimir
con los auspicios de
Charo Fierro y
Antonio J. Huerga, editores

FINIS CORONAT OPUS